Analyse

Par David Noiret
et Margot Dimitrov-Durand

La Gloire
de mon père

de Marcel Pagnol

lePetitLittéraire.fr

Rendez-vous sur lepetitlitteraire.fr et découvrez :

Plus de 1200 analyses
Claires et synthétiques
Téléchargeables en 30 secondes
À imprimer chez soi

MARCEL PAGNOL

ÉCRIVAIN, DRAMATURGE ET CINÉASTE FRANÇAIS

- **Né en 1895 à Aubagne (France)**
- **Décédé en 1974 à Paris**
- **Quelques-unes de ses œuvres :**
  - *Marius* (1929), pièce de théâtre
  - *La Gloire de mon père* (1957), roman
  - *Le Château de ma mère* (1957), roman

Né à Aubagne d'un père instituteur et d'une mère couturière, Marcel Pagnol devient lui-même professeur après avoir mené des études de lettres anglaises à l'université d'Aix-en-Provence.

Il obtient un grand succès à Paris grâce à ses pièces de théâtre dans lesquelles il met en scène sa région natale (la célèbre trilogie marseillaise comprenant *Marius*, 1929, *Fanny*, 1931, et *César*, 1936). Il s'intéresse également au cinéma et signe, entre 1931 et 1954, pas moins de 21 films (dont *Le Schpountz*, en 1937).

En 1946, il est élu à l'Académie française. Il commence une carrière de romancier en 1957 avec la rédaction de ses *Souvenirs d'enfance* et de *L'Eau des collines* en 1963 (diptyque célèbre comprenant *Jean de Florette* et *Manon des sources*).

LA GLOIRE DE MON PÈRE

RÉGIONALISME ET ORALITÉ

- **Genre :** roman
- **Édition de référence :** *La Gloire de mon père*, Paris, Éditions de Fallois, 2004, 226 p.
- **1ʳᵉ édition :** 1957
- **Thématiques :** souvenir, Provence, enfance, famille, chasse

La Gloire de mon père est le premier tome des *Souvenirs d'enfance*. Il fut publié conjointement au deuxième tome, *Le Château de ma mère*, en 1957. Suivent *Le Temps des secrets* (1960), puis *Le Temps des amours*, inachevé, publié à titre posthume en 1977. Pour la première fois, Marcel Pagnol écrit en prose et s'en justifie dans l'avant-propos du roman. Il distingue ce type d'écriture de l'écriture théâtrale qu'il a longtemps pratiquée.

Il s'agit d'un roman autobiographique : c'est lui, Marcel Pagnol, qui rédige, à 62 ans, son histoire qu'il dédie « à la mémoire des (s)iens ». Il y évoque les souvenirs de l'enfant qu'il n'est plus et se présente davantage comme le témoin de petits évènements que comme un véritable sujet.

RÉSUMÉ

L'ENFANCE DE MARCEL

« Je suis né dans la ville d'Aubagne, sous le Garlaban couronné de chèvres, au temps des derniers chevriers », raconte Marcel (p. 11). Il habite pendant trois ans dans cette petite ville dont il ne lui reste que quelques souvenirs, notamment les parties de pétanque de son père.

« D'Aubagne, nous passâmes à Saint-Loup, qui était un gros village dans la banlieue de Marseille », poursuit-il (p. 30). Il habite alors avec ses parents, Joseph et Augustine, dans l'établissement où enseigne son père. Alors que sa mère l'a déposé à l'école pour aller faire son marché, Marcel surprend l'assemblée, à 4 ans, en lisant couramment ce que son père écrit au tableau.

Suite à la promotion de Joseph, la famille Pagnol s'établit à Marseille, dans la plus grande école communale de la ville, celle du chemin des Chartreux. Entretemps, Marcel a eu un petit frère nommé Paul de trois ans son cadet.

Marcel et sa tante Rose se rendent fréquemment au parc Borély où ils rencontrent un homme qui dit en être le propriétaire, mais qui n'est autre que l'oncle Jules, le mari de la tante Rose.

Leur maison étant trop petite, les Pagnol emménagent dans une plus grande demeure de la rue Terrusse qui fait la fierté d'Augustine et la jalousie des camarades de Marcel.

Enfant curieux, alors âgé de 8 ans, Marcel se délecte des joies de l'école et s'interroge sur le mystère de la vie suite à la naissance de sa petite sœur et de son cousin, Pierre.

LE TEMPS DES VACANCES

Pour améliorer la santé fragile d'Augustine, Joseph et Jules ont loué une villa dans laquelle toute la famille pourra passer les vacances. Joseph emmène Marcel chez le brocanteur afin de meubler la maison. Ils y trouvent des trésors aussi rustiques qu'inutiles, et Marcel apprend les joies du marchandage. Après trois mois de bricolage, le mobilier, de style « rustique provençal » (p. 70), est prêt à rejoindre sa nouvelle demeure. C'est François, un paysan voisin de la villa, qui le transportera dans sa charrette, tandis que Rose et Jules se rendront à la villa en camion.

Les grandes vacances arrivent et, la famille de Marcel entame son périple vers le village de la Treille : « Alors commença la féérie et je sentis naître un amour qui devait durer toute ma vie. » (p. 87) Ce sont, pour Marcel, « les plus beaux jours de [s]a vie » (p. 99).

La maison, appelée la Bastide neuve – bien que loin d'être neuve –, contient une richesse insoupçonnée : une citerne d'eau. La famille engage une bonne pour les tâches ménagères, ce qui fait d'eux des « bourgeois distingués ». Marcel et Paul découvrent la vie sauvage et la nature. Ils s'amusent à observer les cigales, les fourmis et les mantes religieuses, et se livrent à de petites expériences cruelles. Mais, depuis qu'ils ont découvert les romans de Fenimore Cooper (romancier américain, 1789-1851), leur véritable passion est de jouer aux Indiens.

LA PARTIE DE CHASSE

« Vers le 15 août, il nous fut révélé que de grands évènements se préparaient », raconte ensuite Pagnol (p. 122) : une partie de chasse. À table, l'oncle Jules, en chasseur expérimenté, leur révèle quel est le roi des gibiers : la bartavelle, une perdrix royale très rare et difficile à traquer.

On s'affaire minutieusement aux préparatifs : cartouches, fusils, cibles et techniques de chasse constituent pour Marcel des « leçons de choses » (p. 134). Il se sent néanmoins honteux et humilié de voir que c'est Jules le maitre, et son père l'élève attentif. Il commence également à douter de sa participation à la chasse. Les deux adultes n'ont en effet pas l'intention de l'emmener avec eux, mais, voyant sa déception, ils l'acceptent finalement. Cependant, Marcel veut préserver Paul, qui est trop petit, et décide de lui mentir pour son bien.

Le soir venu, Paul révèle à Marcel que Jules et son père lui ont menti sur le jour de l'ouverture de la chasse et qu'ils sont bien décidés à aller chasser sans lui. Marcel voue à l'oncle Jules, menteur récidiviste, une rancune éternelle. Il choisit malgré tout de les accompagner, comme un Indien, à distance.

Après quelques péripéties, dont le rabattage en règle de belles perdrix et de magistraux coups de fusil de Jules, Marcel perd son père et son oncle de vue et se retrouve complètement perdu. À flanc de colline, il manque de se faire happer par un condor qui avait pour cible quelques perdrix cachées près de lui. Il est au comble du désespoir, égratigné et assoiffé. Mais, grâce à ses lectures de romans sur les Indiens et aux conseils de Joseph, il reprend confiance et se remet en route.

Il entend soudain deux détonations et voit tomber un gros oiseau tandis qu'il en reçoit un autre sur le crâne. Il aperçoit alors au loin l'oncle Jules criant à Joseph son mécontentement de l'avoir vu manquer deux bartavelles qui lui étaient destinées. Marcel en profite pour se montrer. Il ne cache pas sa joie et la fierté qu'il éprouve vis-à-vis de son père :

> « Alors, je bondis sur la pointe d'un cap de roche, qui s'avançait au-dessus du vallon et, le corps tendu comme un arc, je criai de toutes mes forces : Il les a tuées ! Toutes les deux ! Il les a tuées ! Et dans mes petits poings sanglants d'où pendaient quatre ailes dorées, je haussais vers le ciel la gloire de mon père en face du soleil couchant. » (p. 198)

Marcel est accueilli en sauveur et Joseph n'en revient pas d'être l'auteur d'un tel coup. Jules admet qu'il s'agit d'un exploit exceptionnel pour un débutant.

Le lendemain, Joseph, accompagné de Marcel, soumet ses bartavelles à l'expertise des villageois. Ils rencontrent Mound des Parpaillouns, le facteur, l'épicier et même le curé, un homme sympathique qui les photographie.

Pour la seconde partie de chasse, Joseph troque son béret contre un chapeau avec deux belles plumes, « tout fier de son exploit » (p. 216).

ÉTUDE DES PERSONNAGES

MARCEL

Il y a dans ce roman deux Marcel Pagnol : l'homme de 62 ans, le narrateur, qui prend la plume pour raconter ses souvenirs d'enfance, et le petit garçon qu'il était et qui découvre la vie. L'écriture naturelle et simple donne l'impression à certains moments que c'est l'enfant lui-même qui raconte ses souvenirs dont la plus grande partie se rapporte à l'année de ses 8 ans. Le narrateur correspondant à l'auteur, *La Gloire de mon père* est donc un roman autobiographique.

Marcel a un petit frère, Paul, et une petite sœur qu'il ne nomme jamais. Il est un enfant épanoui et curieux de tout. Lecteur précoce, il a cependant la maturité d'un enfant normal. Sa passion pour les mots, son attirance pour les livres, ainsi que son don pour la lecture annoncent la brillante carrière de l'écrivain qu'il deviendra. Il sera même élu à l'Académie française comme il le rappelle dans son roman (p. 26).

Il est très proche de son petit frère, Paul. Les deux enfants jouent beaucoup ensemble et sont très complices. Le statut d'aîné de Marcel l'amène à se montrer protecteur, comme lorsqu'il écarte Paul de la partie de chasse. Il se sent proche des grands et n'imagine pas qu'ils puissent lui refuser de participer à la chasse.

Il voue à son père une admiration sans limites. Son père est véritablement son héros : il le décrit comme quelqu'un de cultivé, d'intelligent, d'ingénieux, etc. Il partage ses convictions et a une foi aveugle en ce que lui dit Joseph. Il admire également son oncle Jules, mais il a du mal à accepter que son père soit l'élève de ce dernier lors de la partie de chasse. Il se sent honteux et humilié de voir que son père écoute l'oncle comme un ignorant (p. 142).

Marcel déborde de fierté lorsqu'il surgit avec les deux oiseaux fabuleux, les bartavelles, que Joseph a tuées. C'est lui qui est le véritable responsable de la « gloire » de son père. Il le rétablit ainsi dans son statut de héros paternel, supérieur au meilleur des chasseurs, l'oncle Jules.

JOSEPH

Joseph Pagnol est le père de Marcel. Il est le cinquième enfant d'une famille de tailleurs de pierres et est devenu instituteur public après avoir étudié à l'École normale d'Aix-en-Provence. Il est laïc et est un anticlérical convaincu depuis ses études. Il ne boit pas d'alcool, à la différence de Jules. Marcel le décrit comme « un jeune homme brun, de taille médiocre, sans être petit », « au nez assez important, raccourci aux deux bouts par sa moustache et ses lunettes » et à « la voix grave et plaisante » (p. 21).

Brillant instituteur, il est nommé à Marseille, ce qui permet d'améliorer nettement le quotidien de la famille. Il est ingénieux et a une passion pour les antiquités. En bon pédagogue, il n'hésite pas à saisir toutes les occasions pour apprendre quelque chose à ses enfants : la réparation des meubles, les préparatifs de la chasse, l'observation des insectes, la photographie faite par le curé, etc.

Il semble au-dessus des bassesses humaines et se moque ouvertement de M. Arnaud qui prend la pose avec le gros poisson qu'il a pêché (p. 206) : selon Joseph, la vanité est le pire des vices. Prétextant un désir de connaissances scientifiques sur les bartavelles, il se rend toutefois au village avec son trésor et les montre à tout le monde. « J'avais surpris mon cher surhomme en flagrant délit d'humanité : je sentis que je l'en aimais davantage » (p. 216), dit alors Marcel.

AUGUSTINE

Même dans ce premier tome consacré à son père et à la fierté qu'il ressent envers lui, Marcel Pagnol montre aussi l'attachement profond qu'il porte à sa mère, Augustine. L'affection qu'il a à son égard est un thème qui sera beaucoup plus développé dans le second tome, *Le Château de ma mère*.

> « L'âge de mon père, c'était vingt-cinq ans de plus que moi et ça n'a jamais changé. L'âge d'Augustine, c'était le mien parce que ma mère c'était moi, et je pensais dans mon enfance que nous étions nés le même jour. » (chapitre III)

Augustine était une petite couturière d'Aubagne, qui épousa Joseph, de cinq ans son ainé, séduite par la sécurité affective et financière qu'il pourrait lui apporter. Elle est la mère de deux garçons qui la chérissent et s'inquiètent pour elle quand elle accouche d'une petite sœur. Sa santé est fragile, c'est d'ailleurs pour elle que la famille décide de se mettre au vert à la campagne. Ses trois hommes se soucient d'elle durant les longues marches qui les mènent à la Bastide neuve.

Mais Augustine est aussi une intraitable mère de famille qui ne transige pas sur la bonne tenue de sa maison, l'hygiène de sa famille et l'épanouissement de ses enfants. Joseph doit d'ailleurs souvent négocier avec elle ou céder face à ses interdictions.

JULES

Marcel rencontre Jules pour la première fois au parc Borély avec sa tante Rose, la sœur ainée d'Augustine. Il le décrit en ces termes :

> « Sa figure était vieux rose ; il avait une épaisse moustache châtain, des sourcils roux et bien fournis, de gros yeux bleus, un peu saillants. Sur ses tempes, quelques fils blancs. Comme de plus il lisait un journal sans images, je le classai aussitôt parmi les vieillards. » (p. 39)

Il porte un chapeau melon, une canne et des gants de cuir. Il a 37 ans lorsqu'il se marie avec Rose. Il est sous-chef de bureau à la préfecture. Son véritable prénom est Thomas. Il est né dans le Roussillon, au milieu des vignes et « roul[e] les r comme un ruisseau roule le gravier » (p. 44). Il s'entend bien avec Joseph, mais ne partage pas la même conception de la vie : il boit du vin et va à la messe. Gai et bon vivant, Jules est un très bon chasseur qui ne manque pas de raconter ses exploits à qui veut l'entendre.

Par deux fois, il ment à Marcel : en se faisant passer pour le propriétaire du parc Borély et en faisant croire à l'enfant qu'il pourra les accompagner à la chasse. Marcel lui en tient rigueur, mais il lui pardonne lorsqu'il voit que Jules chasse comme Buffalo Bill (pionnier américain, 1846-1917).

CLÉS DE LECTURE

L'ORALITÉ DE L'ÉCRITURE

L'écriture de Marcel Pagnol se caractérise par l'importance de l'oralité. Le roman contient de nombreux dialogues, ce qui le rend plus vraisemblable et plus vivant. On peut aussi y voir une résurgence du théâtre, qui fut le premier genre de prédilection de Pagnol. De plus, l'histoire a lieu en Provence, région au parler caractéristique (l'accent provençal) dont on trouve un profond écho dans l'œuvre de l'auteur :

- **le parler des paysans**. « Çui-là dit-il [François], c'est Tête Rouge » (p. 87), en désignant le sommet d'une colline ; « Il fallait en [des herbes telles que la marjolaine ou le romain] "bourrer le ventre de la lièvre" ou "bien le hacher finfinfin", avec un "gros bout de lard gras" » (p. 92). Les guillemets anglais indiquent que c'est le paysan qui utilise ces mots. L'écriture est chantante ;

- **l'accent catalan** de l'oncle Jules. Il « roule les r », dit de lui Marcel, à propos d'une réflexion sur une histoire religieuse (l'homélie de Lammenais) : « Vrraiment trrop trriste et trrop affrreux... Ce pauvrre enfant... » (p. 120). À propos d'une anecdote que raconte l'oncle Jules, le narrateur inclut un petit commentaire entre parenthèses : « Le président de la Société de chasse, M. Bénazet (il prononçait Bénazette) [...] » (p. 137). Cette indication sur la prononciation renvoie directement à l'oralité du récit ;

- **le langage enfantin**. Le narrateur reproduit certains mots tels qu'il les percevait enfant lors des discussions entre son père et son oncle : « un certain Lagabèle qui ruinait le peuple » (il s'agit de la gabelle, une taxe sur le sel qui a existé jusqu'à la Révolution française), « les radicots » (les radicaux), « les framassons » (les francs-maçons), « les jézuites » (les jésuites), « tartruffes » (les tartuffes, c'est-à-dire les hypocrites), etc. Il y a donc une dimension d'oralité doublée de l'illusion d'un retour à l'enfance via la transcription du parler phonétique enfantin. Les guillemets indiquent que le narrateur rapporte ce qu'il comprenait à 8 ans ;

- **les chansons populaires**. Plusieurs chansons sont reproduites dont Le *Chant de mort d'un chef comanche* (p. 123). Cela donne l'impression que les souvenirs sont intacts, malgré les années passées. La chanson renforce encore la dimension musicale déjà présente grâce aux accents du Sud et au chant des cigales.

UN ROMAN RÉGIONALISTE

Cet ancrage dans la réalité d'une région, la Provence, fait de *La Gloire de mon père* un roman régionaliste. Ce genre se caractérise par différents éléments :

- **l'importance des aspects pittoresques de la région évoquée**. Dans son roman, Pagnol met ainsi en avant la Provence à travers la mention de toponymes, les descriptions des paysages et les noms des paysans (Aubagne, Garlaban, Taoumé, Mond des Parpaillouns, etc.) ;
- **l'évocation des coutumes et des traditions**. Pagnol parle de la pétanque, du marchandage chez l'antiquaire ou encore de la partie de chasse, autant d'éléments typiquement provençaux ;

- **la référence à un milieu agraire**. L'auteur dépeint la vie campagnarde à la Bastide neuve et les paysans rencontrés ;
- **la présence d'une idéologie traditionaliste**. Il s'agit, dans *La Gloire de mon père*, de la laïcité des Pagnol ou du catholicisme de l'oncle Jules.

UN RÉCIT PÉDAGOGIQUE

La majeure partie du roman repose sur les souvenirs de Marcel alors qu'il avait 8 ans, qu'il était curieux de tout et qu'il découvrait l'école et la vie. Le métier d'enseignant de son père participe à cet apprentissage de la vie puisque chaque situation donne l'occasion à ce dernier de faire une « leçon de choses » à son fils.

La soif de connaissance chez les Pagnol remonte au grand-père, qui était tailleur de pierres : « Il finit par croire que l'instruction était le Souverain Bien. » (p. 14) Ses six enfants se sont donc dirigés vers l'enseignement, de même que Marcel Pagnol.

Le premier contact de Marcel avec l'école est une véritable révélation : il sait déjà lire alors qu'il n'a que 4 ans ! Aussi les discussions de l'oncle Jules et de Joseph éveillent-elles la curiosité du jeune Marcel pour les affaires religieuses et républicaines, ainsi que pour les mots et les sons de la langue française. Il se délecte du mot le plus long, « anticonstitutionnellement ».

En outre, il dit avoir « découvert l'intelligence de [s]es mains » « à la lumière du bec Matadore » (p. 69), ce qui signifie que l'intelligence ne se limite pas au travail du cerveau, mais comprend aussi le travail manuel.

Marcel lit beaucoup, s'intéresse à l'entomologie et aux récits cynégétiques (relatifs à la chasse) de l'oncle Jules. La bartavelle et la photographie sont à la base de deux autres leçons.

LA TENDRE VIOLENCE DE L'ENFANCE

Parallèlement à cette découverte de la vie, la thématique de la violence de l'enfance est récurrente dans le roman. Elle contraste avec l'apparence idyllique et le charme naturel de la Provence natale de Marcel Pagnol. Cela reste néanmoins une violence pleine de tendresse propre à cet âge de la vie :

- lorsque les Pagnol vivent à Saint-Loup, l'école est située face à un abattoir, et Marcel prend un vif plaisir à regarder les bœufs et les porcs se faire assassiner. « Je crois que l'homme est naturellement cruel : les enfants et les sauvages en font la preuve chaque jour » (p. 30), dit le narrateur ;
- lors des promenades avec la tante Rose au parc Borély, Marcel lance du pain aux canards, mais dès qu'elle a le dos tourné, il leur lance des pierres « avec la ferme intention d'en tuer un » (p. 38). Dans ce parc, il prend également un malin plaisir à regarder les gens qui chutent de leur bicyclette ;
- il s'attaque également aux cigales en se montrant menaçant : « Toi, ma vieille, quand nous serons dans les collines, je te mettrai la paille au cul ! » Marcel, l'écrivain,

commente ensuite : « Telle est la gentillesse des "petits anges" de 8 ans. » (p. 72) ;

- arrivés à la Bastide neuve, Marcel et son frère partent à la chasse aux cigales et aux papillons. « Nous jetâmes des chrétiens aux lions : c'est-à-dire que nous lancions des poignées de petites sauterelles dans la toile endiamantée des grandes araignées [qui] perçaient un trou dans la tête de la victime, et la suçaient longuement. » (p. 104) Les descriptions sont savoureuses, comme pour insister sur le plaisir que prennent les enfants à voir souffrir les animaux ;
- Marcel et son frère s'amusent également à incendier les fourmis ou à les mettre en présence de mantes religieuses (les « pregadious »), qu'ils torturent allègrement. Les insectes se livrent alors à un combat sans pitié, « un spectacle charmant » selon Marcel (p. 106) ;
- les deux frères jouent aussi à la guerre, « le seul jeu vraiment intéressant », selon le jeune garçon (p. 111). Marcel est un Comanche et Paul un Pawnee ;
- la partie de chasse organisée par les adultes fascine le petit Marcel qui finit par suivre son père et son oncle et par se retrouver en pleine nature où il se rend compte qu'il est une proie facile pour les grands rapaces et les animaux sauvages. La crainte du sanglier et du vautour constitue alors une bonne leçon de la nature pour Marcel.

Mais il existe cependant des contrexemples de cette violence de l'enfance : lorsqu'il faut donner des coups de fouet au mulet pour traverser les passages difficiles, Paul et Marcel sont beaucoup trop délicats et ne veulent pas faire de mal à l'animal (p. 83-85).

PAGNOL, ENFANT DE LA IIIᵉ RÉPUBLIQUE

Les dates du récit sont peu importantes : Marcel Pagnol ne donne pas son année de naissance dans l'incipit ni dans les premiers chapitres du roman. Priorité est donnée aux lieux géographiques auquel il est si attaché.

Cependant, de nombreux faits sociétaux retracés dans le roman reflètent que l'intrigue prend place à une époque charnière : la IIIᵉ République (1870-1940), celle des instituteurs. Marcel Pagnol est né le 28 février 1895, une dizaine d'années après la promulgation des lois Ferry établissant l'école laïque comme un moyen de consolider le régime républicain face à l'Église. Le 9 décembre 1905, alors que Marcel a une dizaine d'années, l'État vote la loi de séparation entre l'Église et l'État.

Ainsi Joseph, le père de Marcel, a été formé dans une École normale primaire dont la hiérarchie était pourtant aussi sacralisée que celle de l'Église, comme le remarque Marcel, une fois adulte.

> « Car le plus remarquable, c'est que ces anticléricaux avaient des âmes de missionnaires. Pour faire échec à « Monsieur le curé » (dont la vertu était supposée feinte), ils vivaient eux même comme des saints, et leur morale était aussi inflexible que celle des premiers puritains ». (chapitre II)

Dans les petits villages, l'instituteur était une figure sociale importante au même titre que le curé, et son savoir universitaire le conduisait souvent à être le secrétaire de mairie de la commune. Il était ainsi le garant des valeurs républicaines face à l'Église encore omniprésente et aux nobles.

La Révolution française de 1789 n'était pas si lointaine et des traditions aristocratiques perduraient : le fait que les cantonniers ne pouvaient faire des routes droites à cause des bastides infranchissables des nobles marseillais, contraignant la famille Pagnol à rallonger son trajet pédestre de cinq kilomètres : « Cet immense détour nous est imposé par quatre ou cinq grandes propriétés, que le chemin n'a pu traverser et qui s'étendent derrière ces murs... » Cette situation sera au cœur de l'intrigue du second tome, *Le Château de ma mère*.

Un autre terrain de lutte de l'instituteur républicain hormis la résistance au clergé et à la noblesse est l'alcool. L'école de la IIIe république avait pour mission morale de sensibiliser les enfants sur les dangers de l'alcoolisme, persuadée que l'instruction les empêcherait de tomber dans ce piège, une fois adultes. Marcel Pagnol décrit à ce propos un tableau mural dans sa salle de classe visant à effrayer les enfants sur les transformations physiques irrémédiables causées par l'alcool.

Joseph Pagnol considère d'ailleurs le fait de communier comme un prétexte pour s'adonner au vice alcoolisé de la boisson par le biais du vin de messe. Pourtant, les solides convictions de Joseph ne l'empêcheront pas de nouer des relations cordiales avec son beau-frère Jules, catholique pratiquant, ou avec le curé du village dans les deux derniers chapitres du livre. C'est le savoir et l'instruction qui réunit ces trois personnages autour des bartavelles.

UN ROMAN AUTOBIOGRAPHIQUE
AU TOURNANT DE 1900

Marseille à la Belle Époque

De 1800 à 1914, Marseille a vu sa population se multiplier par 5. Elle compte cette année-là près de 500 000 habitants. Le fait que Marseille soit un port explique l'importance de ces vagues d'immigration. Le nombre d'habitants étant plus important, de nombreuses écoles publiques ont ouvert leurs portes. C'est ainsi que la famille Pagnol a déménagé à plusieurs reprises, depuis la petite école d'Aubagne jusqu'à l'école du chemin des Chartreux, l'établissement scolaire le plus important de Marseille.

En 1906, la ville accueille l'Exposition coloniale d'où la volonté d'éblouir le monde avec les infrastructures modernes : dès 1900, le réseau de tramway est enfin électrifié permettant la démocratisation du trajet et la mobilité à l'intérieure de la ville. Les rails du tramway sont déjà posés sur le chemin que parcourent à pied les Pagnol, comme un signe de l'étendue du réseau de transport à venir : « À ces mots, je vis jaillir les rails de l'herbe, et s'encastrer dans les pavés, tandis que s'annonçait au loin le grondement sourd d'un tramway. » (chapitre XIII)

Les Pagnol connaissent une ascension sociale progressive grâce au salaire de Joseph, mais ils ne sont pas assez riches pour pouvoir prendre une automobile jusqu'aux collines, d'autant plus que la route n'était pas encore « carrossable ». Ils doivent donc compter sur les services des muletiers du village, comme d'antan, signe que les progrès technologiques de la ville du xxᵉ siècle arrivent progressivement jusqu'à la campagne.

Un roman familial au succès colossal

La Gloire de mon père, publié pour la première fois sous forme de feuilleton dans le numéro de Noël du magazine *Elle* en 1957, est le premier grand succès littéraire et commercial de Marcel Pagnol.

En 1990, le réalisateur de la *Guerre des boutons* (une autre adaptation d'un roman célèbre sur l'école et l'enfance à la même époque), Yves Robert, réalise *La Gloire de mon père* et *Le Château de ma mère* qui sortent à l'écran à deux mois d'intervalle. C'est un grand succès populaire : 6,2 millions de spectateurs se rendent dans les salles obscures pour y voir *La Gloire de mon père*, et 4,3 millions suivront la suite des aventures de la famille Pagnol dans le second volet, relançant continuellement les ventes de livres à chaque rediffusion télévisuelle de l'œuvre de l'auteur.

LE SAVIEZ-VOUS ?

Les textes de *La Gloire de mon père* servent souvent de référence pour les dictées mais aussi dans l'apprentissage du français dans les écoles étrangères. Pagnol est en effet un écrivain classique possédant une écriture légère, lyrique avec des phrases simples.

PISTES DE RÉFLEXION

QUELQUES QUESTIONS POUR APPROFONDIR SA RÉFLEXION...

- Qui est le héros du livre ? Expliquez.
- Au début du roman, Marcel Pagnol compare le clergé et l'enseignement. Expliquez cette comparaison.
- Que pensez-vous de la laïcité républicaine prônée par Joseph ?
- Pour Marcel et Paul, l'accent provençal est le seul véritable accent français, et ils se moquent de l'accent de leur oncle Jules. Selon vous, existe-t-il vraiment un « seul accent français » ? Justifiez votre réponse.
- Qu'est-ce qui rapproche Marcel, l'enfant de 8 ans, du monde des adultes plus qu'un autre enfant ?
- « Il est permis de mentir aux enfants lorsque c'est pour leur bien » (p. 161), apprend l'oncle Jules à Marcel. Êtes-vous d'accord avec cette affirmation ? Argumentez.
- Quelle image Marcel Pagnol présente-t-il des paysans ?
- Joseph apprend à Marcel la « plus belle phrase de la langue française » : « Il n'est pas besoin d'espérer pour entreprendre ni de réussir pour persévérer. » (p. 195) Commentez.
- Marcel Pagnol dresse-t-il un tableau complaisant de son père ? Développez.
- Fenimore Cooper est l'une des sources d'inspiration de Marcel Pagnol et est à la base de sa passion pour les Indiens. Recherchez d'autres traces d'intertextualité dans le roman, autrement dit d'autres influences ayant marqué l'auteur.

- Après avoir visionné l'adaptation du roman par Yves Robert, comparez le livre avec le film. Quels éléments ont été ajoutés ou retirés ? L'adaptation est-elle fidèle au texte ?
- Qu'est-ce qui fait de cette œuvre un roman régionaliste ? Connaissez-vous d'autres romans du même genre ?

Votre avis nous intéresse !
Laissez un commentaire sur le site de votre librairie en ligne
et partagez vos coups de cœur sur les réseaux sociaux !

POUR ALLER PLUS LOIN

ÉDITION DE RÉFÉRENCE

- Pagnol M., *La Gloire de mon père*, Paris, Éditions de Fallois, 2004.

ÉTUDES DE RÉFÉRENCE

- Belmont M., *Marcel Pagnol, une œuvre vivante*, s.l., Université d'Aix-en-Provence, 2008-2009.
- « L'école, premier lieu de lutte contre l'alcoolisme », in Histoire par l'image, consulté le 6 octobre 2016, http://www.histoire-image.org/etudes/ecole-premier-lieu-lutte-contre-alcoolisme
- Ozouf M. et J., *La république des instituteurs*, Paris, Seuil, 2001.

ADAPTATIONS

- *La Gloire de mon père*, film d'Yves Robert, avec Julien Ciamaca, Philippe Caubère et Nathalie Roussel, France, 1990.
- La gloire de mon père, bande dessinée de Scotto Serge, Stoffel Eric et Tanco Morgann, Chanay-lès-Mâcon, Grand angle, 2015.

SUR LEPETITLITTÉRAIRE.FR

- Fiche de lecture sur *Le Château de ma mère* de Marcel Pagnol.

www.lepetitlitteraire.fr/

ISBN version numérique : 978-2-8062-8774-8
ISBN version papier : 978-2-8062-8775-5
Dépôt légal : D/2016/12603/663

Avec la collaboration de Margot Dimitrov-Durant pour
l'analyse d'Augustine et les chapitres « Pagnol, un enfant
de la IIIe République » et « Un roman autobiographique au
tournant de 1900 ».

Conception numérique : Primento,
le partenaire numérique des éditeurs.

Ce titre a été réalisé avec le soutien de la Fédération
Wallonie-Bruxelles, Service général des Lettres et du Livre.

Retrouvez notre offre complète sur lePetitLittéraire.fr

- des fiches de lectures
- des commentaires littéraires
- des questionnaires de lecture
- des résumés

MALRAUX
• La Condition
humaine

MARIVAUX
• La Double
Inconstance
• Le Jeu de l'amour
et du hasard

MARTINEZ
• Du domaine
des murmures

MAUPASSANT
• Boule de suif
• Le Horla
• Une vie

MAURIAC
• Le Nœud
de vipères

MAURIAC
• Le Sagouin

MÉRIMÉE
• Tamango
• Colomba

MERLE
• La mort est
mon métier

MOLIÈRE
• Le Misanthrope
• L'Avare
• Le Bourgeois
gentilhomme

MONTAIGNE
• Essais

MORPURGO
• Le Roi Arthur

MUSSET
• Lorenzaccio

MUSSO
• Que serais-je
sans toi ?

NOTHOMB
• Stupeur et
Tremblements

ORWELL
• La Ferme
des animaux
• 1984

PAGNOL
• La Gloire de
mon père

PANCOL
• Les Yeux jaunes
des crocodiles

PASCAL
• Pensées

PENNAC
• Au bonheur
des ogres

POE
• La Chute de la
maison Usher

PROUST
• Du côté de
chez Swann

QUENEAU
• Zazie dans
le métro

QUIGNARD
• Tous les matins
du monde

RABELAIS
• Gargantua

RACINE
• Andromaque
• Britannicus
• Phèdre

ROUSSEAU
• Confessions

ROSTAND
• Cyrano de
Bergerac

ROWLING
• Harry Potter à
l'école des sor-
ciers

SAINT-EXUPÉRY
• Le Petit Prince
• Vol de nuit

SARTRE
• Huis clos
• La Nausée
• Les Mouches

SCHLINK
• Le Liseur

41567235R00020

Printed in Poland
by Amazon Fulfillment
Poland Sp. z o.o., Wrocław